Heloisa Galves
Regina M. Azevedo

PEQUENO LIVRO DAS VIRTUDES ALEMDALENDA

8ª. edição

OutrasPalavras

Fotocomposição e projeto gráfico:
Outras Palavras
Ilustrações:
Alexandre Rampazzo, inspiradas em personagens de Heloisa Galves

Outras Palavras Prod. Editoriais Com. Ltda.
Rua Santo Egídio, 709 - cj. 141
02461-011 - São Paulo - SP
Telefax: (0--11) 6236-4823

Apresentação

Quando elaboramos este livro sobre virtudes, pensamos em você, que tal qual o cavaleiro de espadas do Tarô, é um eterno lutador pelo Bem. Mesmo abraçando essa nobre causa, algumas vezes pode lhe faltar algum vigor e aí você se deixa conduzir pelas trilhas tortuosas e tentadoras do vício, dando espaço para a preguiça, a tristeza, a raiva, o medo e outras atitudes e emoções que fazem de tudo para desviá-lo do caminho. Mas, como diria Sêneca, um filósofo antigo, "não existe vento favorável para quem não sabe aonde quer chegar"... Por isso, mãos no leme, aprenda a conduzir com vontade seu barquinho rumo à felicidade. Nós sopramos a favor.

Há pessoas que não acreditam serem capazes de modificar e até mesmo de criar os destinos de suas vidas. Assim, passam todo o tempo buscando a ajuda de alguém que resolva seus problemas. Em sua busca, ouvem tantas opiniões diferentes que acabam ficando ainda mais confusas, incapazes de escolher entre esta ou aquela solução. Ficam paralisadas, enquanto as coisas vão acontecendo, acontecendo...

Mas as respostas estão sempre dentro de você e aí este livro pode lhe dar uma mãozinha. Acreditamos que as coisas não acontecem "por acaso" e que se você abrir aleatoriamente este livro e optar pela página direita ou esquerda, ela trará uma mensagem muito adequada e útil para o seu momento, uma dica que os símbolos do seu inconsciente não conseguiram tornar claro à sua consciência até então. Confie na sincronicidade e no poder da Inteligência Superior, que é também o seu próprio poder.

Usado como um oráculo, para meditação ou simples entretenimento, o que importa mesmo é que você continue trilhando corajosamente o Bom Caminho, cultivando dentro de si as virtudes que o tornam uma pessoa melhor a cada dia. Se este livro lhe fornecer uma resposta que seja para o alívio da sua mente ou do seu coração, já nos sentiremos felizes e recompensadas. Sinceramente,

Heloisa Galves e Regina M. Azevedo

A todos aqueles que sabem apreciar suas próprias virtudes. E aos que encontraram forças para abandonar seus vícios.

H.G. / R.M.A.

Coleção Pequeno Livro Alemdalenda

☆ *Do Amor*

☆ *Dos Anjos*

☆ *Da Sorte*

☆ *Das Virtudes*

de Heloisa Galves e Regina M. Azevedo

☆ **Outros títulos de seu interesse:**

Coleção Encantamentos de Govenka Morgan

☆ *Magia Amorosa*

☆ *Magia de Proteção*

☆ *Magia de Sorte e Prosperidade*

☆ **Tradições Mágicas dos Ciganos**

de Don Adamo Calderon

☆ **Cartomancia, a Adivinhação pelas Cartas**

de Regina M. Azevedo e Eduardo Araia

☆ **Anjos de Deus**

de Anna Clara Alves, Marina Elena Costa e Regina M. Azevedo

Pedidos pelo Reembolso Postal:
Outras Palavras Prod. Editoriais Com. Ltda.
Rua Santo Egídio, 709 - cj. 141
02461-011 - São Paulo - SP
Telefax: (0--11) 6236-4823

CULTIVE A

Fé

Mesmo quando tudo vai mal, a tristeza invade seu coração e você não encontra a saída, lembre-se de que a Divina Luz da Criação faz o Sol renascer a cada dia.

CULTIVE A

Paciência

A sabedoria da vida consiste em aprender aos poucos, ensinar devagar, fazer lentamente. E recomeçar sempre: aos poucos, devagar, lentamente.

CULTIVE A *Calma*

Abrande o fogo da paixão, aquiete a fúria do vendaval; permita-se fluir docemente como a água no leito calmo do riacho; perpetue-se como a serena terra, para todo o sempre.

CULTIVE A

Alegria

Semeie o riso por toda parte, cultive a alegria contagiante e se deixe contaminar pelo bom-humor. Lembre-se: o ridículo não é mau, desde que também possamos nos divertir com ele.

CULTIVE A

Cooperação

Se você é capaz de fazer sozinho,
fará ainda melhor com a
ajuda dos outros. Mas, se alguém
não consegue realizar algo
por si só, sua prestimosa ajuda
também será muito bem-vinda.

CULTIVE A *Honestidade*

Falar abertamente, agir com franqueza, poder se ver nos olhos dos outros sem receios e declarar a sua verdade. Só assim mente e coração trabalham aliviados.

CULTIVE A

Ternura

O abraço, o sorriso, o olhar aprovador alimentam o coração vulnerável e carente de afeto. Distribua-os fartamente e seja receptivo às manifestações de carinho.

CULTIVE A

Esperança

Tudo é possível para quem acredita no seu infinito poder criador e realizador. O inesperado sempre pode ser favorável aos seus anseios.

CULTIVE A

Constância

Muitas viagens são necessárias para transportar uma montanha de areia. Mas o vento determinado e incessante pode, rapidamente, mudar uma duna de lugar...

CULTIVE O *Amor*

*Palavras doces, gestos generosos,
acolher, doar–se, misturar seus anseios,
repartir projetos, dividir espaços,
multiplicar emoções. E, no fim
de tudo, dizer "eu te amo"...*

CULTIVE O

Discernimento

Selecione idéias, objetos, pessoas.
Faça suas escolhas com lucidez
e coragem, iluminando a mente
com os raios da sabedoria e
da experiência enriquecedoras.

CULTIVE A

Organização

"Um lugar para cada coisa e cada coisa no seu lugar..." Mas é você, exclusivamente, quem decide pôr fim à bagunça exterior e interior.

CULTIVE O

Trabalho

Precisamos ser úteis às coisas e às pessoas à nossa volta. A felicidade também advém desse constante processo de criação e interação.

CULTIVE A
Rotina

Reinventar o que já funciona
perfeitamente é perda de tempo.
Uma estruturação eficiente permite
executar tarefas com rapidez,
deixando mais tempo livre
para aquilo que lhe dá prazer.

CULTIVE A
Criatividade

Reinventar o que não dá certo através da recombinação eficiente do que já existe é o desafio para quem almeja atingir o nível de excelência em qualquer setor da vida.

CULTIVE A

Expansividade

Abra os braços, a mente, o coração.
Permita-se crescer em todas
as direções. Deixe que o
Universo, em sua sabedoria,
estabeleça os limites.

CULTIVE A

Generosidade

Plante pelo simples prazer de ver a semente germinando, as folhas purificando o ar; as flores colorindo o mundo. Aprenda a doar sem pedir nada em troca.

CULTIVE A

Quietude

Dê lugar ao silêncio, feche os ouvidos para o mundo lá fora e ouça seu vazio interior. A mente se acalma, o coração bate compassado e o sangue alimenta cada célula. É confortável permanecer dentro de si mesmo.

CULTIVE A

Auto-Estima

Aceitar-se, respeitar-se e admirar-se são condições indispensáveis no exercício de amar o outro como a si mesmo. Reconheça suas qualidades, sorria para o espelho e envie um elogio bem sincero para você.

CULTIVE A
Reflexão

As escolhas dependem de nós. Convém aproveitar a oportunidade que nos é oferecida de ponderar e analisar antes de escolher o melhor caminho a seguir.

CULTIVE A

Beleza

O belo se traduz através daquilo que faz bem a seus olhos e seu coração. Sintonizar-se com a beleza harmoniza seu campo visual exterior e interior.

CULTIVE A

Humildade

Ser humilde somente é possível aos que são realmente grandes. A altivez emerge naqueles que mergulham fundo nas suas próprias sensações.

CULTIVE O
Respeito

Aceite o outro como ele é, com suas limitações e crenças pessoais. Aprenda a compatibilizar as diferenças sem perder de vista os seus próprios valores.

CULTIVE A

Força

Ainda que os castelos desmoronem e do céu desabem as maiores tempestades, o forte permanece em pé. Garra e vontade são matérias-primas fundamentais na reconstrução de alicerces mais sólidos e seguros.

CULTIVE A
Sabedoria

Todos somos responsáveis pelo eterno fluir cósmico. O conhecimento dos Mestres nos proporciona atalhos para que possamos conduzir a humanidade cada vez mais longe através das sendas inesgotáveis do saber.

CULTIVE A

Magia

Quando todas as suas tentativas
racionais resultarem sem efeito,
apele à sua Natureza Interior.
Ouça com atenção as respostas
e siga fielmente seus mandamentos.

CULTIVE A

Gratidão

Se alguém o feriu, agradeça. Se alguém lhe ensinou, agradeça. Se alguém o amou, agradeça. Devemos ser gratos a tudo e todos, porque cada acontecimento encerra em si um aprendizado único e enriquecedor.

CULTIVE O

Perdão

Para restaurar a beleza do passado, edificar solidamente o presente e criar um futuro glorioso é preciso perdoar-se e perdoar todo aquele que cruzou o seu caminho, mesmo de maneira desastrada. Esse também, ainda que grosseiro, ajudou-o a cumprir o seu destino.

CULTIVE A

Concentração

Um dia tem apenas 24 horas; um mês tem apenas 30 dias; um ano tem só 12 meses. Para viver mais, é preciso aproveitar bem cada segundo. Coloque sua total atenção em cada ato diário para fazer bem feito, evitando perder tempo consertando o malfeito.

CULTIVE A

Saúde

O corpo físico é a morada da mente e do espírito. Seu perfeito funcionamento cria o espaço adequado e confortável passível de ser habitado pelas energias mais sutis.

CULTIVE A

Flexibilidade

O tempo todo defrontamo-nos com o novo. O que ontem era, talvez hoje já não seja... Fluir nos coloca em dia com a vida. Adapte-se às situações, pois tudo muda e sempre há de mudar.

CULTIVE A

Observação

Antes de decidir, pondere. Olhe à sua volta, examine todas as possibilidades. Aprenda a enxergar detalhes naquilo que vê. Os pormenores ocultam os maiores segredos.

CULTIVE A

Maturidade

A atitude madura se traduz através do respeito próprio e para com o outro. A ponderação, o equilíbrio, a temperança revelam a proximidade da idade da razão.

CULTIVE A

Prosperidade

Há muito para todos, evite querer aquilo que não é seu. A atitude próspera subentende a crença na abundância generosa do Universo. Busque a prosperidade em todos os setores da sua vida: saúde, relacionamentos, dinheiro.

CULTIVE A

Bondade

Uma atitude bondosa retorna triplicada para quem faz o bem, ensina uma antiga máxima da Bruxaria. O benfeitor experimenta uma sensação ímpar de leveza e alegria que dinheiro nenhum pode comprar.

CULTIVE A

Doação

A vida exige trocas constantes; quando nos ocupamos apenas de receber, acumulamos sentimentos, coisas e pessoas, tornando-nos escravos delas. Doar e doar-se são atitudes altamente reequilibrantes e libertadoras.

CULTIVE A *Juventude*

O espírito não tem idade. Somos eternas crianças ante a amplitude temporal do Universo. Sentir-se jovem é uma bênção divina que o tempo não nos pode roubar. Permita-se desfrutar a juventude em qualquer momento da sua vida.

CULTIVE O

Idealismo

Quando a vida nos diz não, nem sempre é tempo de recuar. A persistência nos seus sonhos mais sinceros cria a realidade desejada, apesar dos reveses.

CULTIVE A

Resignação

É preciso calma e sabedoria para lidar com aquilo que não pode mais ser mudado. Uma experiência mal-sucedida abre as portas para mil outras mais benéficas.

CULTIVE A
Espera

Tempo de gestação, momento de germinação. Em sua sabedoria, a natureza nos ensina a lidar pacientemente com o processo de criação; os frutos estão prontos para a colheita somente após madurarem.

CULTIVE A

Impulsividade

Quando a intuição explode em ímpetos desconcertantes é momento de ousar. Experimente o descontrole sugerido por sua mente inconsciente, mantendo-se atento às suas sábias mensagens.

CULTIVE A
Imaginação

Tudo o que existe, existe porque antes foi pensado. O pensamento cria realidades em eixos de tempo/espaço que não correspondem, necessariamente, ao momento presente. Basta acertar os ponteiros com o imaginário relógio da vida para que os desejos se traduzam em acontecimentos.

CULTIVE A

Coragem

Se o momento é de luta, respire fundo,
arme-se de confiança em si próprio
e no seu poder transformador.
O enfrentamento reflete a atitude
corajosa, sempre recompensada por
uma experiência enriquecedora para os
que lutam o bom combate.

CULTIVE A

Sensibilidade

Permita-se ouvir a linguagem do seu corpo, mente e espírito. Perceba o que eles têm a lhe dizer através das sensações. Metabolize cada indicação sensorial e experimente com prazer suas emoções.

CULTIVE O

Vazio

Esvazie a mente e o coração. Às vezes é útil criar um vácuo dentro de si para que toda a negatividade possa ser expurgada, atraindo coisas boas e leves para esse espaço sagrado e purificado.

CULTIVE A

Compaixão

Aos pobres de espírito; aos egoístas; aos mesquinhos; aos desonestos; aos rudes; aos ignorantes. A todo aquele que opta pelo lado escuro da vida, o prejuízo do outro, a soberba, a maldade, eleve o seu pensamento piedoso e compassivo.

CULTIVE O

Encantamento

Tocada pela pureza infantil do coração, qualquer pessoa ou coisa sobre a face da terra é capaz de se tornar encantada. Enquanto mantiver contato com essa energia cristalina, a magia permanece.

CULTIVE A

Leveza

Sorrir, brincar, voar, você é capaz? Iluminar o ambiente com uma palavra de estímulo e um gesto positivo, cultivar o bom-humor, dar apoio e agir como um verdadeiro anjo... Deixe de lado as cargas negativas, para, simplesmente, flutuar ao sabor do vento favorável.

CULTIVE A

Paixão

A atitude apaixonada impulsiona o ser humano na direção dos seus ideais. Quem souber adicionar gotas de bom senso a esse coquetel de paixões descobrirá sua fórmula única e pessoal de felicidade.

CULTIVE O

Desapego

Jogue fora coisas e sentimentos inúteis.
Recicle suas energias através de
práticas corporais revigorantes.
Livre-se dos lixos e dos excessos.
E lembre-se: nada é para sempre.

CULTIVE A

Confiança

Acredite naquilo que deseja de todo o seu coração. Pôr em dúvida uma realização apenas consome parte da energia que poderia ser aproveitada para materializar seus mais sinceros ideais.

CULTIVE A

Serenidade

Na mansidão do regato, a água tudo varre,
tudo irriga, tudo corrói e tudo limpa.
Quem se permite fluir como a água
domina a força através da atitude
serena, sem opor resistência, de forma
transparente e contínua.

CULTIVE O
Silêncio

Da ausência total dos sons exteriores emerge uma voz interior que, embora não seja passível de traduzir-se em palavras, permite a você experimentar toda a sabedoria do Universo, fazendo uso daquilo que lhe é necessário neste momento.

CULTIVE A

Limpeza

A freqüência cósmica pressupõe organização e limpeza. Uma faxina mental — jogue fora as idéias inúteis! — e corporal — faça jejum, adote uma dieta leve e purificadora! — muitas vezes começa por uma atitude prosaica como varrer, lavar, arrumar...

CULTIVE A

Emoção

Às vezes agimos como robôs. Algumas vezes nos comportamos como verdadeiros animais... Mas o que nos identifica como seres humanos é, sem sombra de dúvida, nosso rico e variado arquivo de emoções. Permita-se vibrar, sorrir, chorar, gritar, explodir...

CULTIVE A

Razão

Não por acaso a Inteligência Superior nos concedeu o divino dom do raciocínio, acompanhado por um outro precioso bem, o livre-arbítrio. Usá-los adequadamente reflete a atitude responsável e grata frente à Criação.

CULTIVE O

Equilíbrio

No centro de si mesmo existe um lugar confortável e tranqüilo onde todas as respostas afloram com incrível lucidez e agilidade mental. Nada fora de você pode lhe dar a solução desejada.

CULTIVE O

Poder

Confie a si mesmo a importante tarefa de decidir acerca dos seus próprios desígnios. Não tema o poder; apenas invoque a Inteligência Superior para ser capaz de fazer dele o melhor uso possível.